Voces Resonantes de la Tierra y sus Ciudades

OLIVER DE LA ROSA ANZURES

De La Rosa Anzures, Oliver. *Voces Resonantes de la Tierra y sus Ciudades,* Ciudad de México, 2024.

Textos, fotografías, maquetación:
Oliver De La Rosa Anzures.

Diseño de Portada, maquetación, introducción y edición:
María Teresa Berumen Ortega.

Queda prohibida la reproducción total o parcial de esta obra por cualquier medio o procedimiento sin la autorización del titular.

Copyright © 2024 Oliver De La Rosa Anzures
Todos los derechos reservados.
ISBN: 9798329301595

A los amantes y protectores de la naturaleza en todas sus formas y a los habitantes del mundo de cualquier asentamiento humano:
Juntos protejamos el único hogar que tenemos.

CONTENIDO

Introducción	3
I. NOSTALGIA	7
Pueblo de mis ayeres	9
Bici de mi infancia	11
Banca de banqueta	14
El callejón de Veramendi	16
Traza destrazada	17
Tierra oculta	19
De una a otra esquina	24
Ciudad atemporal	25
II. DESALIENTO	29
Periferia olvidada	31
Túruru - túruru	34
El arroyo de la colonia	36
Cambio climático	39
Inicios de la pandemia	41
Añoranza	43
Ventanas urbanas	46
Terminando la cuarentena	49

III. ESPERANZA	52
De la Madre Naturaleza hemos nacido	53
Flor de banqueta	56
Puesta y ocaso en la ciudad	58
El árbol que habita en mí	61
Oda a la primavera	64
Oda al verano	66
Oda al otoño	67
Oda al invierno	69
Desarrollo urbano	71
Jardines colgantes	73
La Gran Tenochtitlan (I)	75
La Gran Tenochtitlan (II)	79
La Gran Tenochtitlan (III)	83
Urbe soñada	86
En la parada del autobús	89
Esperanza de vida	91
Gatito callejero	94

INTRODUCCIÓN

El libro que tiene el lector en sus manos, nace en la intersección de la ciudad con la naturaleza; donde los árboles y los seres vivos nos susurran sabiduría y secretos ancestrales, y a su vez las piedras, los tabiques y el asfalto son testigos históricos del devenir del paso de nuestra especie por este hermoso y delicado planeta.

Las escenas que nos presentan los textos son en su mayoría espacios sencillos y escenas cotidianas, tanto que normalmente nos pasan inadvertidas en medio de la vorágine de la vida, y a su vez, cada poema es un testimonio de nuestra relación compleja y cambiante entre nuestro anhelo por regresar a nuestras raíces en la naturaleza, y nuestra aspiración a llevar una vida digna en sociedad en las grandes ciudades.

La secuencia en la que se presentan los poemas representa una travesía que transita por tres paisajes emocionales: nostalgia, desaliento y esperanza.

La primera sección, Nostalgia, es un homenaje a lo esencial, a nuestros campos, y una evocación a un tiempo en donde todo parecía más sencillo, con un ritmo de vida más lento y un espacio donde el aire parecía más limpio. Aquí las palabras nos tienden un puente hacia esos recuerdos de un pasado en donde la naturaleza, la urbe y las personas coexistían con mayor armonía y a su vez nos invitan a soñar con lo que fue y podría ser.

En la segunda sección, Desaliento, nos enfrentamos con el dolor que nosotros mismos hemos causado en el cuerpo de la tierra. Estos poemas son un lamento de dolor y arrepentimiento por el dañino cauce que ha tomado nuestro actuar inconsciente a lo largo del tiempo. Es también un llamado de atención a recapacitar en las consecuencias de nuestra falta de reflexión, que han causado entre otras cosas el cambio climático, la devastación ecológica y eventos globales que padecemos todos, como las guerras o la pandemia por el Covid 19. Estos versos están cargados de una cierta desilusión y nos recuerdan que cada acto de destrucción, deja una impronta imborrable en la existencia, no solo en detrimento del planeta y de la vida, sino también y principalmente en nosotros mismos.

Pero no todo está perdido. La tercera sección, Esperanza, se presenta como una pequeña luz en el horizonte que poco a poco va tomando fuerza. Aquí, en escenas sencillas, las palabras florecen con optimismo, poniendo atención y con ello dando fuerza a la resiliencia de la naturaleza, de la vida que surge plena, amorosa y sin restricciones a pesar del entorno que la rodea y nos abre una ventana a la capacidad de conectar con este amor infinito y desde él forjar un futuro mejor y más consciente para todos. Estos poemas son semillas de posibilidad, promesas de una relación más saludable, respetuosa y equilibrada de la naturaleza con la humanidad, sus necesidades y anhelos.

Este libro es en suma un viaje poético que nos invita a reflexionar y a actuar. Nos recuerda que, aunque nos hemos equivocado, siempre existe la posibilidad de redención y renovación. Esperamos que cada palabra escrita aquí sea un paso hacia un mundo donde no nos encontremos en conflicto, sino por el contrario, en una danza armoniosa de crecimiento y sostenibilidad. Depende enteramente de nosotros construirlo.

Teresa Berumen
Ciudad de México, junio de 2024

I. NOSTALGIA

Pueblo de mis ayeres

Dedicado a Asunción Posadas Sosa

Desde niña me inculcaron a huir de ahí,
ningún futuro más que pura desilusión.
¡Ve a la ciudad que allá sí hay emoción!
¡Nunca más extrañarás este cuchitril!

Hoy estoy rodeada de torres de oficinas,
mazacotes de departamentos,
que contradicen su gran tamaño,
porque vivo y trabajo en piezas vacías.

Mi cuarto es incoloro y feo,
no más grande que el chiquero,
apenas cabe mi corita cama,
porque para muebles no hay lugar.

Todo el día encerrada y frustrada,
mañana, tarde y madrugada.
Me quedé sin mis montañas,
sin mis ovejas entusiastas.

Extraño los campos verdes,
llenos de árboles frutales,
el inolvidable sabor de mi tierra,
lo llevo en mi corazón y cabeza.

Pueblo de mis ayeres,
quisiera regresar a ti,
aunque a los míos decepcione,
no aguanto más estar aquí.

Ahora entiendo y soy firme,
de cuan errada es la gente,
que como el dicho dice:
"No se valora hasta que se pierde".

Bici de mi infancia

Te hallé en casa de los abuelos,
arrumbada bajo la escalera,
desinfladas tus llantas
el manubrio oxidado
de larga carrera.

Me llevaste por puentes largos,
cruzamos tantos bulevares,
paseamos los veranos,
demasiados viajes,
sigues de pie.

No pensaba encontrarte el día de hoy,
no obstante te llevaré conmigo,
mereces que te reparen,
para que hagas feliz
a otra niña.

Porque ya no puedo montarte,

te daré una segunda vida,

sendas por recorrer,

más aventuras

en otras villas.

Banca de banqueta

No me gustan las bancas de la plaza,
todas son iguales,
verdes o azules de metal,
frías cuando me siento,
me voy con el trasero tenso.

Prefiero sentarme en la banqueta,
que con su diseño informal,
se ajusta como quiero,
uso un naranjo de respaldo,
y así perfumo mis pensamientos.

El callejón de Veramendi

Disculpa ¿dónde queda la calle de Veramendi?
Me preguntó un turista.
Dudé bastante en responder,
un tesoro valioso del barrio
es difícil de revelar.

Con trabajo precisé la dirección,
no queriendo hice lo correcto.
Mis recuerdos de amor
se concentran ahí.

No es calle sino callejón,
un lugar escondido,
pequeño y colorido,
jardines de esplendor.

El callejón de Veramendi
se mantiene alegre,
dentro de la creciente
mancha urbana indiferente.

Traza destrazada

Es gracioso cuando recorremos las ciudades.
Uno camina por una calle recta,
pero resulta que te perdiste,
porque caminaste en diagonal,
o diste vueltas en círculo...

Les daré dos pequeños consejos:

Primero, examina los mapas,
descubre la traza urbana.

Segundo, emprende una aventura,
curiosea cual local ciudadano.

Al final, saldrás a las calles
te darás cuenta
que el dibujo en tu mente
con el caminar se destrinca,
está destramado,
la planeación se destriza,
como una taza destrozada
justo así es la traza destrazada.

Tierra oculta

Debajo de cada pueblo o metrópoli,
hay una historia no contada,
frecuentemente olvidada,
cuna de apoteosis.

Antes de celebrar las construcciones,
pensemos en qué se apoyan.
¿Los cimientos dónde reposan?
¿Lo hacen con agresividad o ligereza?

Las ciudades pesan demasiado,
son un lastre gigantesco y de dolencia…
Lo saben las poblaciones de otros ecosistemas,
a quienes usamos como resistentes escudos.

Luego tras un sismo o catástrofe,
nuevamente somos "más conscientes",
o cuando el suelo dice "no más",
y la capacidad de carga no es suficiente,

Las edificaciones se desmoronan,
los suelos se resquebrajan,
la civilizaciones se hunden
con las techumbres que las acompañan.

La mayoría de veces renacen,
se erigen de sus propios restos,
toman de la tierra otra vez
la fuerza para levantarse.

Algunas comarcas aprendieron,
usan los terrenos como recuerdo,
de lo que alguna vez fueron,
montañas y ríos de esfuerzo.

Tierra oculta debajo de las ciudades,
cuántas historias nos puedes contar,
aún tienes tanto que enseñarnos,
agradecimiento y sincera humildad.

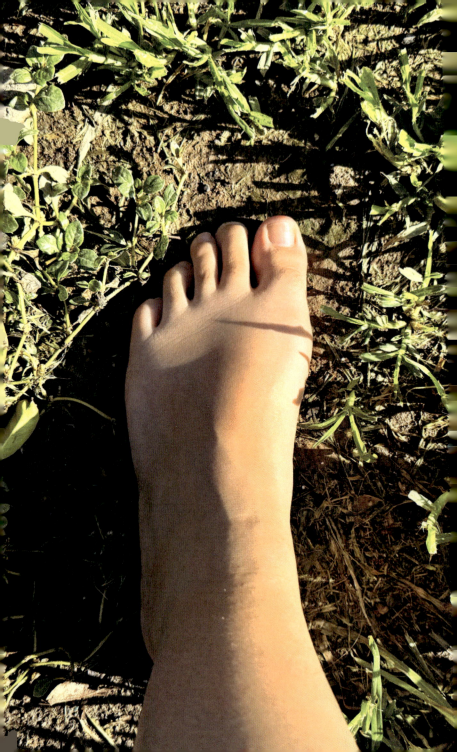

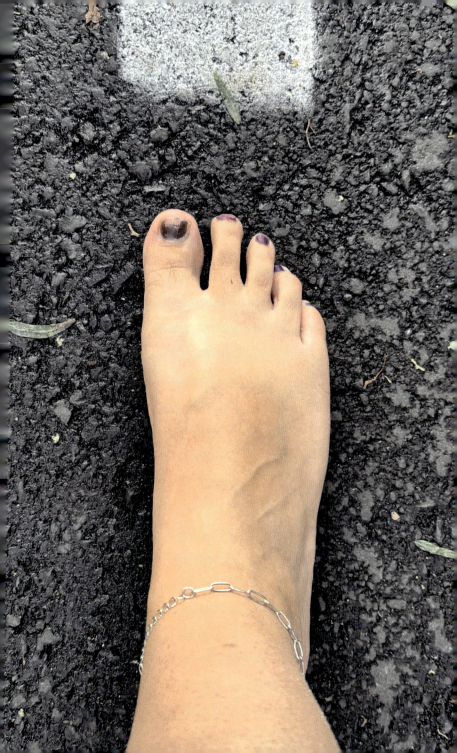

De una

a otra esquina

En mi calle todo cambia.
Un día está la panadería de color rosa,
otro día será la tienda de veinticuatro horas.

Las porciones de tierra pierden presencia.
El año pasado había blancas magnolias,
mañana se inaugurarán dos colonias.

¿Cómo habrá sido mi calle antes de que naciera?
¿Habría tenido más jacarandas que puertas?
¿La complacencia existió en el vecindario?

Le pido a quien viva en mi calle en el mañana,
que jamás se olvide del regocijo del barrio,
porque de una a otra esquina está la vida.

Ciudad atemporal

Desde el inicio de los tiempos humanos
        la gente se agrupó,
     es nuestra naturaleza,
       compartida con muchos animales,
           abejas, hormigas, castores…

En ellas florece el conocimiento,
            la cultura, la ciencia y el arte,
      las experiencias humanas,
    tristezas, alegrías,
fracasos y logros.

Cada plaza, calle, casa,
es un paso del individuo.
          Cada barrio, colonia, distrito
      lo es del colectivo.

Cada caserío, pueblo, metrópoli,

de inmensas generaciones.

       Bajo ese concepto

             la ciudad es atemporal,

cúmulo humanitario.

II. DESALIENTO

Periferia olvidada

Barrios lujosos del centro de la ciudad,
rebosantes de elegancia y privilegio.
Viviendas y comercios costosos,
bulevares con árboles clamosos,
para los gustos más espléndidos,
deleite de la selecta humanidad.

Otra cosa es el perímetro de la localidad,
donde se siente la tristeza del silencio.
Tiendas y moradas de escombro,
calles solitarias que replican los sollozos,
para quienes son los más numerosos,
invisibilizados de la sociedad.

¿Acaso hemos olvidado que la ciudad es comunidad?
¿Humanos conviviendo en un medio respetuoso?
Basta de abogar por los distritos borrosos,
con periferias olvidadas de mil cerrojos,
donde habitantes con derechos terminan en asedios,
justificando falacias de diversidad e identidad,

No todo está perdido ni es ambigüedad,
varios buscamos puntos de encuentro.
Otredad empática para un futuro luminoso,
que brinda abundancia y bienestar recíprocos,
la ciudad puede ser un lugar generoso,
con justicia, resiliencia y equidad.

Túruru-túruru

Crece en el oscuro subterráneo,
primero como excavación,
luego como transporte masivo,
cargado a todas horas de gentío.

En el mundo tantos metros hay,
suele ser uno de los preferidos,
con rapidez comunica polos opuestos,
económicos, sociales y culturales.

Con tantas entradas y hoyos,
quizá fue inspirado por los topos.
En tierras donde antes crecía cararú,
hoy en cada tren suena un túruru-túruru,

El arroyo de la colonia

Escribieron
los antepasados
que era un
río vigoroso,
compartía
sus aguas
con los pueblos
que tocaba.

Los buscadores
de tesoros,
encontraron oro
y contento,
durante siglos
fue famoso,
después
lo desconocieron.

Cuentan los residentes
    más longevos
        que se convirtió
           en un arroyo,
        donde los niños
        chapoteaban
    los días
de primavera.

La gente
    recibía bien las crecidas,
        quitaba la preocupación de sequía,
           además de refrescar las viviendas,
                traía júbilo y alta estima.

    El arroyo de la colonia está pereciendo,
        apenas sobrevive cuando llueve,
      ¿Qué estamos haciendo?
    Pronto será un canalito,
y otra vez al olvido.

                    Mis amigas y yo
                 algo queremos hacer.
            Descubrimos que de donde nace
           asaltaron el lugar con fábricas.
        Río arriba hay mucha porquería,
    levantaremos la voz ante la indiferencia.

No puedo decirles este desenlace,
　porque ignoro qué pasará...
　　Una cosa tengo segura,
　　　no descansaremos hasta que sane,
　　　　recuperaremos su antigua figura.
¡Los colonos queremos nuestro arroyo!

Cambio climático

¡Para ti no hay oda!
Porque revolviste todas
las estaciones:
Otoño
Verano
Invierno
Primavera
pueden ocurrir
en un solo día.

Culpemos al antropoceno,
ni cómo defendernos…
Hemos acelerado
un ciclo natural
sin ninguna
autoridad.

Este cambio
podría costarnos
muy caro.

No sólo nuestra destrucción,
también la de los otros
pobladores del orbe.
Es increíble que muchos
te han negado,
sería como tapar
el sol con un dedo.

No vale la pena
hacerse el desentendido.
Naciones Unidas tiene un plan,
falta que los pueblos del mundo
cumplan su parte.

Igualmente,
cada persona
coopera con
su granito de arena.

En nosotros está
mitigar el cambio climático,
limpiemos nuestro
desastre planetario.

Inicios de la pandemia

En el lejano oriente
una bruma se avecina.
El planeta es su vertiente
y amargos días dejará.

Los pueblos
están de luto,
lloran por sus difuntos,
el dolor es mutuo.

Fe, ciencia y oración
hace la gente,
porque todo corazón
merece un presente…

Es justo para el mundo
dejar de hacerle daño,
nos lastimamos
unos a otros.

¿Qué ganamos?
Nada.

Ya es momento.
Hagamos un cambio
donde todos aprendamos.
Por nosotros
y por quienes
nos dejaron.

Nuestra forma
humana de habitar
corre peligro,
estamos a un paso
del inminente fracaso.

¡Juntos demos
un alma al Mundo!
Se nos acaba
el tiempo…

Añoranza

Dedicado a Daniela Barquín Olvera

Los días parecen iguales
con sentimientos de antaño,
fantaseo con muchos paisajes
tú y yo tomados de las manos.

¿Cuándo volveremos a salir?
¿Sin temor a sentir el aire?

Quiero tocar las puertas del mar,
cobijarme en la blanca arena,
que los rayos del gran sol,
purifiquen la humanidad entera.

No hay más placer terrenal
que el sabor de libertad,
acompañada de voluntad,
para enfrentar la realidad.

Con mis pies desnudos
al compás de la esperanza,
danzaré con añoranza
para que se salve el mundo.

Ventanas urbanas

Dedicado a Irving De La Rosa Anzures

Dichosos quienes en el confinamiento

tuvieron una azotea,

aunque sea un pequeño balcón,

una terraza,

o un agradable rincón.

Pobres departamentos

que no tienen ventanas,

o que dan hacia

aburridas fachadas.

Sin ventilación natural

uno se vuelve loco,

porque dependes

del aire acondicionado,

imposibilitando sentir el sol.

Sin aperturas en los baños…

Bueno, nada tengo que contar,

es evidente

que esto para

nada es conveniente.

Patios,

domos,

ventanas,

ventanillas,

miradores…

Los mejores son los

que enmarcan el cielo,

donde se pueden ver las nubes,

aves, lluvia y apreciar el viento.

Los vanos que te hacen sentir los árboles,

tocar las hojas, ramas y sus frutos.

Espero tomen nota los arquitectos,

que las ventanas ya no sean un privilegio,

sino una norma estricta de diseño.

Terminando la cuarentena

Dedicado al Dr. Israel Ugalde

¿Qué es renacer?
Levantarse de la cuasi-extinción,
sentir un nuevo resplandor,
otra oportunidad para vivir.

Sencillas palabras
que me dijo
un héroe anónimo,
mi médico
amigo.

Al salir
del hospital,
su mensaje
quedó grabado
en mi memoria.
¡Disfruta la vida!

III. ESPERANZA

De la Madre Naturaleza hemos nacido

Dedicado a Guillermina Anzures Chillopa

Crepúsculo vespertino que llega a su fin,
tiempo que determina el regreso a casa,
grande alivio de una jornada exhausta,
aún espera un largo camino a cubrir.

Caminando en medio de autos y asfalto,
variados grises doloridos por cada rincón,
obra de nuestra aparente civilización,
del monótono distante paisaje urbano.

¡Suerte mía cuando encuentro estas sorpresas!
Árboles más brillantes que cualquier edificio,
ramas que acometen la jungla de acero,
hermosas flores curan mi vista afligida.

¡Oh Naturaleza llena de verde y vida!
Nos das color, felicidad y buenaventura,
dicha cultivas en las casas y avenidas.
Ninguna ciudad será bella con tu ausencia.

¿Cómo cuidarte cuando acabamos contigo?
¿Por qué los predios crecen y tus frutos decrecen?
¿Es mucho pedir que los citadinos sintiesen?
¿Hasta cuándo habremos ya de arrepentirnos?

De la Madre Naturaleza hemos nacido,
no agonizaremos para reconciliarnos.
Mientras haya personas que siempre te amemos,
habrá mucha esperanza y seremos dignos.

Flor de banqueta

Entre bloques de concreto hostiles,
en cercanía de una banqueta,
voladeros de colosales puentes,
aparentes dominios de la urbe,
tú te impones majestuosamente.

Contra cualquier probabilidad creces,
silenciosa además de paciente,
siempre te abres paso y floreces,
no te importa si vives o mueres,
dejas un suspiro en el camino.

Pequeña y grande prueba de vida,
recuerdas que el ser más delicado,
tiene fortaleza, fe y encanto.
Dichoso quien se compare contigo,
cuántos quisieran ser flor de banqueta

Puesta y ocaso en la ciudad

Soy admirador

de la puesta

y del ocaso

en la ciudad.

¿Por qué?

Por alguna extraña razón

me llenan de esperanza,

parece que auguran

un mejor mañana.

Me hacen pensar

que después

de lo que hemos hecho,

finalmente somos

parte del cielo.

El árbol que habita en mí

Dedicado a María Teresa Berumen Ortega

Somos como un árbol,

testigos del cambio

y del tiempo.

Nuestros anillos

son los recuerdos.

Los frutos

nuestras creaciones.

Todo es abono

para las siguientes

generaciones.

Por eso la repercusión

de lo que hacemos,

determinará el futuro

que entregaremos.

Oda a la primavera

Con el cálido abrazo
despiertas a tu amiga,
la Mamá Naturaleza.

Ella abre los ojos,
florece y alegra a
los habitantes del
mundo.

Primavera
nuestra
plena
bella.

Oda al verano

Con las islas de calor urbano,
las lluvias son una bendición.
Oportunidad que da el cielo
para asear la civilización.

Los árboles frutales
están maduros,
rebosantes
de sabor.

¡Ya es
verano!
Los días ya
son más largos.

Los paseos esperan
en patines y bicicletas.
Los parques son habitables.
¡La metrópolis se descubre divertida!

Oda al otoño

Muchos días de contaminación
en la mayor parte del año.
Las altas montañas y nubes
se disponen a laborar.

Las industrias
perjudicaron
la calidad del aire.
Por ventura
ha llegado
el soplo voraz
del viento.

Otoño
de los días cortos,
purifica el aire
y deja tus colores.

El único costo que tiene
es la travesura de su paso,
que el pavimento alfombra
de ramas y follaje.

Oda al invierno

Las corrientes gélidas

tocan el portón,

advierten

quién es robusto

en esta estación.

Prepárense todos,

habitantes y edificios,

por favor no se enfermen,

que es fácil confiarse.

Las noches son largas,

te recomiendo

recuperar energía.

Abraza a alguien amado,

así será mejor pasar

las frías noches enamorado.

Invierno que marcas el fin,
que el otro año vengas más feliz.

Desarrollo urbano

¿Quiénes hacen las ciudades?
¿Los arquitectos, ingenieros y urbanistas?
Un error muy común de pensar,
¡La ciudad la hacemos todos!

Con nuestra presencia y quehacer,
se hace única y heterogénea.
¿Entonces por qué abunda el caos?
¿Por qué no funcionan los planes urbanos?

Porque la ciudad no es estática,
crecimiento no es lo mismo que desarrollo,
una persona puede crecer,
pero no desarrollar su potencial.
Lo mismo pasa con las ciudades;
la urbanización es dinámica.

Todo lleva su tiempo,
las ciudades
son de largo trayecto.
Uno de nosotros
es joven con veinte años,
una urbe lo es con un siglo.
el orbe... no podría decirlo.
¿Sería fácil o difícil decidir
dónde iría cada cosa en un pueblo?
¿Que por arte de magia
aparecieran las construcciones?

Démonos cuenta
que la ciudad sería más bella
si todos fuéramos conscientes,
que somos parte
indispensable
de ella.

Jardines colgantes
Dedicado a Ana Anta Vega

En pequeñas y grandes terrazas,

de chicas y medianas alturas,

sea en rascacielos o casas,

se asoma una maceta o rama.

Serio error decir que sólo son ornamentos,

que las edificaciones se llevan los créditos.

Basta con responder una pregunta:

¿Imaginas el mundo sin verde hermosura?

El sueño de Nabucodonosor se cumplió.

¡Los jardines colgantes existen!

Se extendieron más allá de su reino,

cada vez acrecentando sus raíces.

La Gran Tenochtitlan (I)

Dedicado al Pueblo Azteca y sus herederos

Deambulando de un lugar a otro,
examinando el sitio destinado,
una peregrinación de siglos
marcaba el fin de la ruta.

Posaban el águila y el tunal,
rodeados de agua y volcanes,
quizá no hubo antes ciudad alguna,
fundada con tantos signos naturales.

La tierra y el agua se unieron,
con sudor de mujeres y hombres,
el viento y el fuego cooperaron,
agradecimiento era su mayor dote.

La primera piedra se colocó,
los ahuejotes crecieron,
enraizando en el fondo del lago
para dar a luz el movimiento.

Los aztecas del agua eran,
rebuscaban el ombligo de la luna,
para reflejar el alma humana
y retribuir al universo entero.

Con traza elocuente de norte a sur,
tus armoniosos edificios cantaban
no sólo con las plazas y templos,
sino con el corazón de tu gente.

Contentos con el Dador de la Vida,
dedicaron plegarias al Señor del Firmamento,
alzaron su alma buscando la mejor guía,
de Quien se inventa a sí mismo.

Se sabe que la Gran Tenochtitlan brillaba,
su fama se extendía más allá del Anauak,
construida con la más excelsa naturaleza,
vestigio de la ciudad más amada.

La Gran Tenochtitlan (II)

Numerosos años ya han pasado,
el diálogo con Tonantzin se perdió.
Del hermoso lago donde emergiste,
queda una plasta de asfalto insensible.

¿Qué le pasó a tus aguas dulces y saladas?
¿Dónde están tus jardines flotantes?
¿Tus puentes levadizos y calzadas?
¿Por qué desfiguraste tu semblante?

El buen Tlalok te quiere ayudar,
te manda la lluvia para que renazcas,
pero el regalo líquido quieres entubar,
tienes tu voluntad hecha marañas.

Tonatiu también tiene tu favor,
abraza cariñosamente tus tierras,
de ninguna manera quiere que mueras,
estima tus cultivos con fervor.

No desconozcas al hermano Ehekatl,
que aunque viaja de aquí para allá,
te trae la frescura correcta,
necesaria para recobrar la bondad.

Por las noches Metzli te cuida,
te sana del bullicio de todo el día,
del exceso de contaminantes,
te cobija y ora con la noche.

Escucha bien antigua capital mexica:
¡Ya es momento de retoñar!
Nuevamente educa a tus habitantes.
Infunde sabiduría en tus gobernantes.

Si bien nada es para siempre,
en el Tlalticpac no ha llegado tu hora.
¡Aún puedes salvarte Tenochtitlan!
¡Restaura tu esencia con solemnidad!

La Gran Tenochtitlan (III)

Cubierta de cicatrices en tu piel,
de los estragos de tiempos pasados,
batallas perdidas y otras ganadas,
supiste re-esculpir con cincel.

Llenaste tus mantos de agua,
dejaste de secar los lagos vecinos,
has hecho de los chubascos tus amigos;
lo que llega del Cielo es por buena causa.

Abrazaste al resplandeciente sol,
usas su energía con tu tecnología,
respeto tienes por sus rayos,
conviven con regocijo y cortesía

Del viento imitaste el darle la vuelta,
hay que bajar los humos para ser próspero,
así aprovechas la corriente fresca,
con tus inventados parques eólicos.

De la luna y las estrellas,
incorporaste la serenidad,
que cura con bondad transparente,
para salir de cualquier enfermedad.

Llamaste a la Madre Tierra,
acudió y te absolvió.
Porque si el Dador de Vida perdona,
¿por qué no habría de hacerlo ella?

Recordaste tu alma guerrera.
No por conquistar territorios,
sino por controlarte a ti misma,
lección de orden cósmico.

¡La Gran Tenochtitlan por fin resurgió!
¡Reconciliemos nuestro lugar en la naturaleza!
¡Auxiliemos a los demás con la mejor intención,
tomemos el compromiso con verdad y firmeza!

Urbe soñada

No recuerdo haber tenido un sueño,
ni imagen o remembranza
del paraíso en forma de ciudad.

Las descripciones que conozco
en su mayoría son jardines,
utópicos edenes donde
reina la abundancia.

Esta se expresa en los frutos,
ríos, montañas y prados, árboles
frondosos y flores bellas,
en la naturaleza universal.

Si la mayoría de personas
compartimos esta visión,
¿por qué no hacerla realidad?

Que no se limite a la ciudad,

hagámosla presente

en cualquier asentamiento humano.

Quizá el paraíso terrenal ya existía,

tal vez no lo sabíamos,

pero ahora que lo valoramos,

nos lamentamos.

La mitad de la población
mundial vive en las ciudades,
cada una evoca un gran hogar,
uno que podemos arreglar.

En la parada del autobús

Gente va y viene,

sin banca o de pie,

aguarda que se va;

nunca me conviene.

Libro de recuerdos,

de la engañada,

del señor cándido,

del niño pávido,

de esa muchacha…

En la fila quedo,

gozo la demora,

con techo o sin él,

sombra de un árbol

mejor compañía,

fresca sencillez.

Viene el autobús,

no quiero perderlo.

Pasemos adentro,

que voy a conocer

personas historias.

¡Viajemos amigos;

nunca más solitud!

Esperanza de vida

Dedicado a Rigoberto De La Rosa Pedraza

¡Oye amigo, escucha esto que leí!
La esperanza de vida cambia para todos,
los habitantes de la ciudad viven más,
en áreas rurales la gente vive menos.
¿Acaso el esmog da súper poderes?
¿El estrés y la ansiedad nos hace fuertes?
¿Es la ajetreada vida citadina la que nos mueve?

No lo creo mi estimado amigo.
La vida en el campo es muy difícil,
que en el trabajo duro no hay opción,
y aunque parezca igual es disímil.
Aquí la llamamos esperanza de vida,
pero allá la vida da esperanza,
porque lo cultivado desborda dicha.

Gatito callejero
Dedicado a Koji

Menuda tarde que me tocó,
avenidas atiborradas,
tres enérgicas granizadas,
cuatro accidentes dominó.

En la calzada bulliciosa,
siento una mirada tierna,
apenada y temerosa,
un maullidito me contesta.

De una caja quebrajada,
se asoman sus dos patitas
aún dudando si saludar,
o prepararse y escapar.

Sus ojitos verdes deja ver,
quizá cansados por no comer,
observa quieto con cautelo
puesto que tiene mucho miedo.

Ven aquí pequeño minino,
yo nunca te haría daño,
en mi alma no hay engaño,
encontrarnos fue el destino.

Despacio se acerca a mí,
respondo brindando mi mano,
va conociendo con su nariz,
escucho su pensar sereno.

¿Podrías quitarme el dolor?
¿Me darás un hogar por favor?
Prometo cuidarnos de noche,
quiero ganarme tu corazón.

Tan sólo con verlo lo quise,
juntos regresamos a casa,
almas sufridas de la ciudad,
¿cuántos pobres como él habrá?

El amor sabe a caricias,

ahora eres mi familia,

grande y noble compañero,

dulce gatito callejero.

Contacto con el autor:

https://lnkfi.re/OliverDeLaRosa
@Oliverdelarosaanzures
oliver.musique@gmail.com